TIT QUESTION

SUR LES

DÉCRETS ET ARRÊTÉS

spéciaux à la Tunisie

TOULOUSE

IMPRIMERIE MARQUÉS et Cie

Boulevard de Strasbourg, 22

—

1900

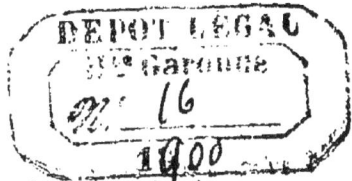

PETIT QUESTIONNAIRE

SUR LES

DÉCRETS ET ARRÊTÉS

spéciaux à la Tunisie

TOULOUSE

IMPRIMERIE MARQUÉS et Cie
Boulevard de Strasbourg, 22

—

1900

MON CAPITAINE,

*Au cours des théories sur les Décrets et
Arrêtés spéciaux à la Tunisie, j'ai constaté
toutes les difficultés qu'éprouve le chef de
brigade par suite de l'obligation dans laquelle
il se trouve de compulser une série de jour-
naux officiels, fascicules, notes, etc.*

*Je crois donc venir en aide à mes cama-
rades en réunissant, sous un petit volume,
par demandes et réponses, les articles des
Décrets et Arrêtés spéciaux à la Tunisie,
ressortissant particulièrement du service de
la gendarmerie.*

*Ce Questionnaire pourra surtout être très
utile aux nouveaux admis, en leur permet-
tant de se mettre rapidement au courant
d'une partie de leurs nombreuses obligations.*

*Les chefs de brigade n'astreindront pas
leurs subordonnés à répondre littéralement;
les questions devront être posées sous des
formes variées et développées par des exemples
pratiques, afin de faire appel à l'intelligence
plutôt qu'à la mémoire.*

L...,
Brigadier de Gendarmerie.

PETIT QUESTIONNAIRE

SUR LES

DÉCRETS ET ARRÊTÉS SPÉCIAUX A LA TUNISIE

OFFICE POSTAL

D. *Quel est le décret qui régit le monopole Postal en Tunisie ?*

R. C'est le décret du 11 juin 1888.

D. *Est-il interdit à tous entrepreneurs de voitures libres et à toutes personnes étrangères au service des Postes de s'immiscer dans le transport des lettres ?*

R. Oui, sous peine d'une amende.

D. *Quelles sont les exceptions admises ?*

R. Les exceptions admises se bornent à très peu près aux suivantes :

1° En ce qui concerne les entrepreneurs de voitures : les papiers uniquement relatifs au service de l'entreprise et seulement autant que ces papiers sont en plis ouverts et non cachetés ;

2° En ce qui concerne les particuliers : les lettres concernant leurs propres affaires, et si le porteur est en course d'exprès ; les lettres émanant d'un même et unique expéditeur qui l'a chargé par « mission spéciale » de remettre ces correspondances ;

3° Les lettres qui ne sont pas nées dans le ressort d'un bureau de poste ou qui sont à destination d'une localité non desservie par la poste ;

4° Et, dans tous les cas, les lettres d'un poids ne dépassant pas 15 grammes, sous enveloppe timbrée (enveloppes vendues dans les bureaux de l'Office au prix de 11 centimes), à condition que ces enveloppes soient revêtues de l'adresse du destinataire, ainsi que la date de la lettre écrite à l'encre et qu'elles soient convenablement cachetées de façon que les lettres ne puissent en être retirées sans mettre ces enveloppes hors d'usage.

D. *Quels sont les moyens employés pour faciliter la répression de la fraude ?*

R. Pour faciliter la répression de la fraude, les employés et agents des Postes assermentés et tous les agents de l'autorité ayant qualité pour constater les délits et contraventions peuvent opérer les perquisitions et saisies et dresser les procès-verbaux.

D. *Sur qui les perquisitions sont-elles valablement faites ?*

R. Les perquisitions ne peuvent être valablement faites que sur les personnes qui, en raison de leur profession et de leur commerce, font habituellement des transports d'un lieu à un autre.

D. *Le droit de vérification s'étend-t-il à tous les objets ?*

R. Le droit de vérification s'étend à tous les objets « non accompagnés » transportés par les conducteurs ou messagers et même aux carnets, porte-feuilles et livrets de course qu'il portent avec eux.

D. *Les saisies faites sur les particuliers à la suite de perquisitions opérées dans un autre but sont-elles valables?*

R. Oui, les saisies faites sur de simples particuliers à la suite de perquisitions opérées dans un but autre que de constater les contraventions au monopole postal sont valables.

D. *Quel est le montant des amendes attribué au saisissant?*

R. Il est attribué pour un tiers au saisissant.

D. *A qui sont adressés les procès-verbaux?*

R. Au Directeur de l'Office Postal chargé de leur donner cours.

COMMERCE, DÉTENTION ET PORT DES ARMES EN TUNISIE

1º Décret du 14 avril 1894.

D. *Quels sont les décrets qui réglementent le commerce, la détention et le port des armes en Tunisie?*

R. Ce sont les décrets du 14 avril 1894 et 24 juillet 1896.

D. *A quoi sont tenus les armuriers ou marchands d'armes ?*

R. Ils sont tenus d'avoir un registre qui doit porter jour par jour, sans aucune lacune, les nom, prénoms, qualités, domicile ou résidence habituelle des personnes auxquelles des armes auraient été vendues, et la nature de ces marchandises. (Art. 3)

D. *Si l'acheteur est personnellement connu du vendeur ?*

R. Le registre en fera mention. Dans tous les autres cas, il indiquera les preuves d'identité qui auront été fournies, telles que l'attestation de deux témoins connus du vendeur, la production d'un certificat délivré par la police locale, etc., et si l'acheteur est Tunisien, il reproduira les principales indications du permis d'achat dont la production demeure obligatoire. (Art. 3)

D. *Lorsque des armes seront mises en vente, comment pourront-elles être livrées aux acheteurs ?*

R. Lorsque des armes seront mises en vente, soit volontairement, soit aux enchères publiques, soit par les commissaires-priseurs ou autres officiers ministériels, soit par crieurs publics, ces armes ne pourront être livrées qu'aux acheteurs qui justifieront, suivant le cas, soit de l'autorisation spéciale (Art. 10), soit de la déclaration (Art. 11) du présent décret. (Art. 4)

D. *Tout dépôt d'armes quelconques chez les particuliers est-il interdit?*

R. Oui, tout dépôt d'armes quelconques chez les particuliers non autorisés à en faire le commerce est interdit. (Art. 6)

D. *Le port d'armes dangereuses, cachées ou secrètes, est-il défendu?*

R. Oui. (Art. 8)

D. *N'y a-t-il pas d'exceptions?*

R. Oui. Des autorisations spéciales de porter des armes non apparentes pourront être délivrées par le Contrôleur civil ou, en territoire militaire, par l'officier chargé du bureau de renseignements, dans la circonscription duquel est situé le lieu du domicile ou de la résidence même temporaire de celui qui doit bénéficier de l'autorisation. (Art. 10)

D. *Toute personne qui voudra porter une arme apparente est-elle tenue d'en faire la déclaration?*

R. Toute personne qui voudra porter des armes apparentes sera tenue d'en faire par écrit la déclaration soit au Secrétariat général du gouvernement Tunisien, soit au Contrôleur civil ou, en territoire militaire, à l'officier chargé du bureau de renseignements, dans la circonscription duquel est situé le lieu de son domicile ou de sa résidence. (Art. 11)

D. *Que doit indiquer le déclarant?*

R. Il doit indiquer ses noms, prénoms, date et

lieu de naissance, profession et domicile. Il lui est donné récépissé de sa déclaration. (Art. 11)

D. *Ce récépissé doit-il être présenté à toute réquisition ?*

R. Il devra être présenté à toute réquisition des agents de l'autorité ayant qualité pour constater les délits et contraventions. (Art. 12)

D. *Le port d'armes quelconques est-il défendu aux interdits et aux mineurs de 15 ans ?*

R. Le port d'armes quelconques est défendu aux interdits et aux mineurs de 15 ans. Les mineurs au-dessous de 21 ans qui voudront porter des armes apparentes devront faire approuver par les personnes sous l'autorité desquelles ils sont placés, la déclaration prescrite par l'art. 11 du présent décret. (Art. 17)

D. *Les armes détenues ou portées illégalement seront-elles saisies ?*

R. Oui, et la confiscation pourra en être prononcée par les tribunaux compétents. (Art. 22)

2o Décret du 21 juillet 1896.

D. *Pour combien de temps sont valables les autorisations spéciales de porter une arme non apparente et les autorisations de porter une arme de fabrication européenne, délivrées aux sujets tunisiens ?*

R. Elles ne peuvent l'être que pour un temps déterminé par l'autorité administrative, et qui, en aucun cas, n'excèdera une année. (Art. 1er)

D. *Et les déclarations de port d'armes apparentes?*

R. Les déclarations de port d'armes apparentes devront être renouvelées avant l'expiration de l'année grégorienne, à partir de la date portée sur le récépissé. (Art. 2)

DOUANES ET MONOPOLES [1]

D. — *Quel est le décret indiquant la marche à suivre pour procéder à la recherche des délits en matière de douanes et de monopoles?*

R. C'est le décret du 3 octobre 1884.

D. *Lorsque les employés ou agents auront connaissance qu'il existe un dépôt frauduleux de tabacs ou de moyens de fabrication ou de distribution clandestines dans une maison, boutique, magasin, voiture, etc., comment devront-ils procéder?*

R. Ils devront faire une perquisition. S'il s'agit de justiciables des tribunaux français, en présence d'une officier municipal européen ou d'un officier de police judiciaire ou d'un fonctionnaire qui sera désigné pour en remplir les fonctions. S'il s'agit de justiciables des tribunaux indigènes, les perquisitions ne pourront être faites qu'en présence de l'autorité tunisienne. (Art. 78)

D. *En cas de nécessité, les employés ou agents seront-ils précédés par une femme de confiance?*

R. Oui, dans le cas où l'autorité qui assiste à la perquisition le reconnaîtrait nécessaire, et il sera pris les mesures utiles pour éviter toute plainte de manque d'égard ou de convenance. (Art. 78.)

D. *Doit-on procéder de même s'il s'agit d'un*

---

(1) Voir la note de service nᵒ 757, de M. le Capitaine-commandant, en date du 15 mars 1898.

dépôt frauduleux de sel ou de moyens de fabrication ou de distribution clandestines, dans une maison, boutique, voiture, etc. ?

R. Oui, les mesures à prendre sont les mêmes. (Art. 89)

D. *Les agents de la force publique sont-ils chargés de rechercher les poudres de contrebande ou celles fabriquées en France ou circulant en contrebande ?*

R. Oui, et ils pourront faire pour ce fait des recherches chez les particuliers soupçonnés de détention illicite, en se conformant à ce qui vient d'être dit. (Art. 95)

D. *Quelle est la part d'amende qui revient au saisissant ?*

R. La moitié de l'amende recouvrée, ou la moitié de la transaction versée.

JEUX DE HASARD

D. *Quel est le décret qui règlemente la police des jeux de hasard en Tunisie ?*

R. — C'est le décret du 23 juillet 1884.

D. *Contre qui la gendarmerie doit-elle verbaliser ?*

R. Contre ceux qui auront établi ou tenu dans les rues, chemins, places ou lieux publics, des jeux de loterie ou d'autres jeux de hasard ; ceux qui auront établi ou tenu des lotèries non autorisées par le gouvernement.

D. *Les fonds ou effets qui seront trouvés exposés au jeu ou mis en loterie seront-ils saisis ?*

R. Oui, ainsi que les meubles, instruments, ustensiles, appareils employés ou destinés au service des jeux ou loteries.

D. *Comment doit être constatée la tenue d'une maison de jeu ?*

R. Elle sera signalée simplement par des procès-verbaux de renseignements, jusqu'à nouvel ordre, suivant les instructions données par le Parquet. (Arrondissement de Tunis).

2

CHASSE

D. *Quel est le décret qui régit la police de la chasse en Tunisie ?*

R. C'est le décret du 12 mars 1884, modifié par celui du 10 juillet 1894.

D. *Quel est le temps pendant lequel la chasse, la vente, l'achat, le transport et le colportage des lièvres et perdreaux sont interdits ?*

R. Depuis le 1er février jusqu'à une date qui sera fixée chaque année par arrêté du premier ministre (art. 1).

D. *Est-il interdit de vendre, transporter, colporter ou détruire les œufs de perdrix ?*

R. Oui, et en tout temps. (Art. 2).

TIMBRE

D. *Quelle est la date du décret sur le timbre en Tunisie.*

R. Le 20 juillet 1896.

D. *Combien y a-t-il de sortes de papier timbré?*

R. Il y en a quatre, savoir :

1° La demi-feuille de petit papier, du prix de 0 fr. 30 ;
2° Le petit papier, du prix de 0 fr. 60 ;
3° Le moyen papier, du prix de 0 fr. 90 ;
4° Le grand papier, du prix de 1 fr. 20. (Art. 4).

D. *Quelles sont les pièces soumises à un droit de timbre spécial?*

R. 1° Les lettres de voiture, récépissés de chemins de fer, connaissements, et toutes autres pièces en tenant lieu.

2° Les quittances de produits et revenus de toute nature délivrés par les comptables de deniers publics ou les fermiers d'impôts et dont la délivrance est obligatoire.

3° Les affiches illustrées et les affiches peintes, apposées dans des endroits publics. Toute affiche contenant plusieurs annonces différentes est sujette à autant de droits de timbre qu'elle contiendra d'annonces différentes.

4° Les autorisations d'achat de poudre.

5° Les récépissés de déclaration et les permis de port d'armes.

6° Les bulletins d'expédition des colis postaux.

7° Les déclarations d'importation et d'exportation, les congés, passavants, acquits-à-caution et autres titres de mouvement en matière de contributions diverses et de douane. (Art. 6).

D. *Comment est fixé le droit de timbre spécial?*

R. Le droit de timbre spécial est fixé, savoir :

1° A 0 fr. 10 pour les actes et pièces désignés sous les nos 1 et 6 de l'article 6 ;

2° A 0 fr. 20 pour les quittances délivrées par les comptables publics ou les fermiers d'impôts lorsque ces quittances sont supérieures à 10 francs et 0 fr. 05 lorsqu'elles sont de 10 francs et au-dessous jusqu'à 1 franc ; les quittances de 1 franc et au-dessous sont exemptes de timbre ;

3° A 0 fr. 05, 0 fr. 10, 0 fr. 15 et 0 fr. 20 pour les affiches illustrées, suivant leur dimension ;

4° A 1 franc par mètre carré et par année, s'il s'agit d'affiches peintes. Toute fraction de mètre carré sera comptée pour 1 mètre ;

5° A 0 fr. 20 pour les autorisations d'achat de poudre ;

6° A 0 fr. 05 pour les pièces énumérées au n° 7 de l'article 6.

7° A 1 fr. 20 pour les récépissés de déclaration et les permis de port d'armes. (Art. 7)

D. *L'empreinte des timbres pourra-t-elle être couverte d'écriture?*

R. Non, et elle ne devra pas non plus être altérée. (Art. 9.)

D. *Le papier timbré employé à un acte quelconque pourra-t-il servir à un autre?*

R. Non, quand bien même le premier n'aurait pas été achevé. (Art. 9)

D. *Peut-il être fait plusieurs actes à la suite l'un de l'autre sur la même feuille de papier timbré ?*

R. Non. (Art. 9)

D. *N'y a-t-il pas d'exception ?*

R. Oui, pour les actes judiciaires. (Art. 9)

D. *Quels sont les actes exemptés du droit et de la formalité du timbre ?*

R. Les actes des administrations publiques et de police générale, les factures des commerçants non acceptées par les débiteurs, tous les actes venant de France ou de l'étranger, les effets de commerce, warrants, chèques et autres obligations négociables, ainsi que les reconnaissances du mont-de-piété. (Art. 16)

D. *La gendarmerie doit-elle rechercher les contraventions en matière de timbre ?*

R. Oui, elle a qualité pour cela, mais elle doit se borner, pour faire ces recherches, à profiter de l'exécution des services journaliers. (Circulaire ministérielle du 20 avril 1872.)

D. *Les pièces non timbrées doivent-elles être saisies ?*

R. Oui, et elles seront jointes aux procès-verbaux. S'il s'agit d'affiches et qu'il soit impossible de les décoller ou de les détacher, on devra joindre un fac-simile au procès-verbal. (Solution du directeur général de l'enregistrement, en date du 1er mars 1866.)

ENREGISTREMENT

D. *Quelle est la date du décret sur l'enregistrement en Tunisie ?*

R. Le 20 juillet 1896.

D. *Quels sont les actes exempts de l'enregistrement ?*

R. 1° Les procès-verbaux et exploits des huis-
siers et autres ayant qualité pour verbaliser, y
compris les protêts ;
2° Les actes d'avoué à avoué ;
3° Les actes des greffes ;
4° Les contrats d'assurance ,
5° Les effets publics, actions, part d'intérêts et
obligations, l'émission et la circulation de ces titres ;
6° Les lettres missives, à moins qu'elles n'aient
le caractère d'un contrat ;
7° Les jugements du tribunal mixte ;
8° Les jugements et ordonnances, tant en action
qu'en défense, ayant pour objet le recouvrement
des taxes dues à l'Etat et aux communes. (Art. 8)

D. *En Tunisie, les procès-verbaux dressés par les
sous-officiers, brigadiers et gendarmes sont-ils en-
registrés ?*

R. Non.

LOGEURS

D. *Quel est le décret qui réglemente la police des logeurs en Tunisie?*

R. C'est le décret du 21 novembre 1897.

D. *A quoi est tenue toute personne qui veut exercer la profession de logeur?*

R. Toute personne qui veut exercer la profession de logeur à quelque titre que ce soit, aubergiste, maître d'hôtel garni, logeur en garni, tenancier de café ou de fondouck, est tenu d'en faire préalablement la déclaration à l'autorité de police du lieu où elle a l'intention de s'établir (Art. 1er) (1).

D. *Quelles sont les personnes qui sont considérées comme logeurs de profession?*

R. Ce sont toutes personnes qui louent en garni tout ou partie de leur maison ou qui logent en chambrée à la nuit, à la semaine ou au mois, soit en garni, soit dans des cafés ou des fondoucks (Art. 2).

D. *Est-il donné récépissé de la déclaration?*

R. Oui, sur formules à souches timbrées (Art. 3).

D. *La déclaration doit-elle être renouvelée?*

R. Oui, à chaque changement de domicile (Art. 3).

---

(1) S'il n'y a pas de police dans la localité, la déclaration sera faite à la gendarmerie. (Voir la note de service n° 1,619, de M. le capitaine commandant, en date du 17 mai 1898.)

D. *Les logeurs en garni sont-ils tenus de placer extérieurement une enseigne ou un tableau au-dessus de la porte d'entrée de leur maison?*

R. Oui, cela d'une manière très apparente et indiquant, en gros caractères, soit le nom de l'au-bergiste ou de l'hôtel, soit que tout ou partie de la maison est louée en garnie (Art. 4).

D. *Toute personne logeant dans un hôtel garni, logis, café ou fondouck, est-elle tenue de remplir ou de dicter un bulletin individuel?*

R. Oui, elle est tenue, dès son arrivée, de rem-plir ou de dicter un bulletin individuel comportant ses nom, prénoms, profession, lieu et date de nais-sance, son domicile habituel, le lieu d'où elle vient, celui où elle va et la date de son entrée (Art. 5).

D. *Tout logeur en garni est-il tenu, dès l'arri-vée des personnes qui prendront domicile chez lui, d'exiger de ces personnes la rédaction du bulletin ci-dessus?*

R. Oui, qu'il loge au mois ou à la nuit (Art. 6).

D. *Transcrit-il immédiatement sur un registre toutes les indications portées sur le dit bulletin?*

R. Il est tenu de les transcrire immédiatement sur un registre coté et paraphé à chaque feuille par l'autorité de police du lieu et de les compléter par la mention de la date de sortie (Art. 6).

D. *Est-il tenu de représenter ce registre à toute réquisition?*

R. Il doit le représenter à toute réquisition des agents de l'autorité, le soumettre le 1er de chaque mois au visa de l'autorité de police du lieu, et déposer au bureau de cette autorité les registres remplis (Art. 6) (1).

D. *Où doivent être remis chaque jour les bulletins individuels?*

R. Ils sont remis chaque jour, par les logeurs, au bureau de police du lieu (Art. 7) (1).

D. *Lorsqu'un logeur en garni cesse sa profession, que doit-il faire?*

R. Il doit faire immédiatement le dépôt de son registre et du récépissé de sa déclaration au bureau de l'autorité de police du lieu (Art. 8) (1).

(1) S'il n'y a pas de police dans la localité, à la gendarmerie.

POLICE DU ROULAGE

D. *Quels sont les décret et arrêté qui régissent la police du Roulage en Tunisie?*

R. Le décret du 5 août 1897 et l'arrêté du 6 août de la même année.

1º Décret du 5 août 1897.

D. *En combien de catégories sont classés les véhicules?*

R. En trois catégories, qui sont :
1º Les véhicules à moteur mécanique ;
2º Les vélocipèdes qui ne sont pas actionnés par un moteur mécanique ;
3º Les véhicules ne rentrant dans aucune des catégories ci-dessus, et qui seront dénommés « voitures ». (Art. 1er.)

D. *Les véhicules suspendus ou non suspendus servant au transport des personnes ou des marchandises peuvent-ils circuler librement sur les voies publiques de la Régence, sans réglementation de poids ou de largeur des jantes?*

R. Oui. (Art. 2.)

D. *N'y a-t-il pas d'exceptions?*

R. Exception est faite :
1º Pour les véhicules à moteur mécanique dont le poids par essieu ne devra pas dépasser dix tonnes ;
2º Pour les voitures non suspendues, dénommées « arabas » dont la largeur des jantes ne devra pas être moindre de 0m07. (Art. 2)

D. *Quels sont les délais accordés pour l'exécution des dispositions en ce qui concerne les plaques des voitures et la largeur des jantes des arabas?*

R. Il est accordé un délai, en ce qui concerne les plaques prenant fin le 1er juillet 1899, et un délai de 5 ans en ce qui concerne la largeur des jantes des arabas, qui prendra fin le 1er juillet 1902. (Art. 21)

2o Arrêté du 6 août 1897.

1o VÉLOCIPÈDES

D. *Tout vélocipède circulant sur les voies publiques de la Régence doit-il être muni d'une plaque?*

R. Oui, et cette plaque doit porter en langue française et en caractères apparents et lisibles ayant au moins cinq millimètres de hauteur, le nom et le domicile du propriétaire, ainsi qu'un numéro d'ordre si le propriétaire est loueur de vélocipèdes. (Art. 2)

D. *Doit-il être muni d'un appareil sonore avertisseur?*

R. Oui, et le son doit pouvoir être entendu à 50 mètres. Il sera actionné aussi souvent qu'il sera besoin. (Art. 3)

D. *Devra-t-il être pourvu d'une lanterne allumée dès la chute du jour?*

R. Oui. (Art. 3)

D. *Les vélocipédistes doivent-ils prendre une allure modérée dans la traversée des villes et agglomérations?*

R. Oui, ainsi qu'aux croisements et aux tournants des voies publiques et ils ne peuvent former de groupes dans les rues. (Art. 4)

D. *Peuvent-ils couper les cortèges ou détachements de troupes ou de convois militaires?*

R. Non, et en cas d'embarras, ils sont tenus de mettre pied à terre et de conduire leur machine à la main. (Art. 4)

D. *A quoi sont tenus les vélocipédistes lorsqu'ils croisent des véhicules?*

R. Lorsqu'ils croisent des véhicules, des bêtes de selle, de trait ou de somme ou des vélocipèdes, ils doivent prendre leur droite, et leur gauche lorsqu'ils veulent les dépasser. Dans ce dernier cas, ils doivent avertir au moyen de leur appareil sonore avertisseur, et modérer leur allure. (Art. 5)

D. *A quoi sont tenus les conducteurs de véhicules, etc., à l'approche d'un vélocipède?*

R. Les conducteurs de véhicule, de bêtes de trait ou de somme et les cavaliers devront se ranger à leur droite de manière à lui laisser libre un espace utilisable d'au moins 1 mèt. 50. (Art. 5)

D. *Si une bête manifeste des signes de frayeur, à quoi sont tenus les vélocipédistes?*

R. Ils sont tenus de modérer leur allure et même de s'arrêter. (Art. 5)

D. *La circulation des vélocipèdes est-elle interdite sur les trottoirs et contre-allées réservées aux piétons?*

R. Oui, mais cette interdiction ne s'étend pas aux machines conduites à la main. (Art. 6)

3

D. *En dehors des villes ou agglomérations, peu-vent-ils circuler sur les trottoirs et contre-allées réservées aux piétons ?*

R. Ils peuvent y circuler le long des voies publi-ques sur toute la partie où les chaussées seront pavées ou se trouveront en état de réfection, mais ils sont tenus, dans ce cas, de prendre une allure modérée à la rencontre des piétons et de réduire leur vitesse à celle d'un homme au pas, au droit des habitations. (Art. 6)

D. *La circulation des vélocipèdes peut-elle être interdite temporairement ou d'une façon perma-nente ?*

R. Elle peut être interdite par des arrêtés de l'autorité compétente, sur tout ou partie d'une voie publique. (Art. 7)

2° AUTOMOBILES

D. *Quelle est la longueur des essieux des auto-mobiles ?*

R. 2 mèt. 50 cent., sans dépasser à leur extrémité le moyeu de plus de 0,06 cent. (Art. 1er)

D. *De combien la saillie des moyeux peut-elle dépasser le plan passant par le bord extérieur des bandes ?*

R. 0,12 cent., avec une tolérance de 0,02 cent.. pour les roues qui ont déjà fait un certain service. (Art. 1er)

D. *Est-il défendu d'employer des clous à tête de diamant ?*

R. Oui, tout clou de bande sera rivé à plat et ne

pourra, lorsqu'il sera posé à neuf, former une saillie de plus de 5 mill. (Art. 2)

D. *Tout automobile doit-il être pourvu d'une plaque métallique en avant des roues et au côté gauche de la voiture ?*

R. Oui, et cette plaque doit porter, en langue française et arabe et en caractères apparents et lisibles ayant au moins 5 mill. de hauteur, les nom, prénoms et profession du propriétaire, le nom du lieu et du caïdat de son domicile. (Art. 11)

D. *Lorsqu'un automobile sera en circulation ou en stationnement sur la voie publique, le conducteur pourra-t-il le quitter ?*

R. Jamais, à moins qu'il n'ait pris toutes les précautions utiles pour rendre impossible une explosion de l'appareil moteur, une mise en route intempestive ou toute autre circonstance dangereuse, telle que bruits excessifs, etc., et qu'il n'ait assuré la garde de l'appareil sous sa responsabilité. (Art. 12)

D. *En marche, le conducteur doit-il porter son attention sur l'état de la voie, l'approche des voitures, etc. ?*

R. Il doit porter son attention sur l'état de la voie, l'approche des voitures, des vélocipèdes ou des personnes et ralentir ou arrêter, en cas d'obstacles, suivant les circonstances. Il doit obéir aux signaux d'alarmes qui lui sont faits. (Art. 14)

D. *Quelle est la vitesse qu'il lui est défendu d'excéder ?*

R. Douze kilomètres par heure à l'intérieur des agglomérations et vingt kilomètres à l'extérieur, sauf les exceptions qui seraient stipulées dans les règlements municipaux concernant la police de la circulation (Art. 14)

D. *Le mouvement devra-t-il être ralenti si l'approche de l'automobile effraie les chevaux ou autres animaux?*

R. Il devra être ralenti et même arrêté toutes les fois que l'approche de l'automobile pourrait être une cause de désordre ou occasionner des accidents en effrayant les chevaux ou autres animaux. (Art. 15)

D. *Quels sont les endroits où la vitesse devra être ramenée à celle d'un homme au pas?*

R. Dans les marchés, dans les rues étroites où deux voitures ne peuvent passer de front, au passage des portes de ville ou des grilles d'octroi, au détour ou à l'intersection des rues et sur tous les points de la voie publique où il existera soit une pente rapide, soit un obstacle à la circulation.

Le conducteur ne doit reprendre une plus grande vitesse qu'après avoir acquis la certitude qu'il peut le faire sans inconvénient. (Art. 15)

D. *L'approche des automobiles devra-t-elle être signalée?*

R. Oui, toutes les fois que besoin sera, au moyen d'une corne, d'une trompe ou de tout instrument dont le son puisse être entendu à 50 mètres, à l'exception des appareils qui feraient un bruit analogue à celui des sifflets à vapeur. (Art. 16)

D. *Si la marche de l'automobile est silencieuse?*

R. Il sera muni d'une clochette ou de grelots suffisamment sonores pour annoncer son approche ; cette clochette ou ces grelots ne porteront aucun dispositif d'arrêt. (Art. 16)

D. *Quelle est la partie de la chaussée que le conducteur doit prendre ?*

R. Celle qui se trouve à sa droite, quand bien même le milieu de la rue ou de la route serait libre. (Art. 17)

D. *S'il est obligé de dévier à gauche par la rencontre d'un obstacle ?*

R. Il devra reprendre sa droite immédiatement après l'avoir dépassé. (Art. 17)

D. *Est-il défendu de faire circuler ou stationner les automobiles sur les trottoirs, contre-allées des boulevards et sur toutes les parties des voies et promenades ?*

R. Oui, mais ils peuvent cependant franchir ces endroits prudemment, à la vitesse du pas de l'homme, et en suivant les passages qui donnent accès aux propriétés riveraines, mais sans stationner sur ces passages. (Art. 18)

D. *Est-il interdit aux conducteurs des automobiles de couper les convois funèbres, les groupes scolaires, ou les détachements de troupes ou de convois militaires ?*

R. Oui, et il leur est interdit également de lutter de vitesse entre eux ou avec des vélocipédistes, des rouliers ou des conducteurs de voitures. (Art. 19)

D. *La ciculation ou le stationnement des automobiles pourra-t-il être interdit par l'autorité compétente ?*

R. Oui, d'une façon temporaire ou permanente sur tout ou partie d'une voie publique. (Art. 20)

D. *En cas d'absolue nécessité, pourront-ils stationner sur les parties de la voie où l'arrêt est interdit?*

R. Oui, mais alors toutes mesures devront être prises pour ne pas gêner la circulation. (Art. 20)

D. *Les automobiles pourront-ils circuler la nuit ou en temps de brouillard sans être pourvus de falots ou de lanternes allumées?*

R. Non, et en temps ordinaire cet allumage aura lieu dès la chute du jour (1). (Art. 21)

D. *De quelle couleur devra être le feu de ces falots ou lanternes et quel sera leur nombre?*

R. Ces fallots ou lanternes donneront un feu blanc et seront toujours maintenus en bon état Il en sera placé deux extérieurement et dans le sens du mouvement, à une distance qui devra comprendre entre eux la largeur totale de l'automobile. (Art. 21)

D. *Quelle devra être leur puissance d'éclairage?*

D. Ils auront une puissance d'éclairage et des dispositions telles que si l'automobile circule sur une voie non éclairée, le conducteur puisse distinguer nettement la voie et les objets en avant de lui dans un champ assez étendu pour pouvoir s'arrêter en temps utile. (Art. 21)

D. *Les automobiles pourront-ils remorquer des voitures à l'intérieur des agglomérations?*

R. Non, à moins d'autorisation de l'autorité compétente. (Art. 22)

(1) Par ces mots « chute du jour », et pour éviter des contestations pénibles, nous conseillons de suivre ce conseil, tiré d'un chef religieux arabe. « La nuit commence quand on ne peut plus distin- « guer un fil blanc d'un fil noir. »

D. *Et à l'extérieur?*

R. Oui, mais la longueur des convois ne pourra dépasser 25 mètres. (Art. 22)

D. *Quelle devra être la largeur de chargement des voitures remorquées ne servant pas au transport des personnes?*

R. Elle ne pourra excéder 2^{m}50 cent. (Art. 22)

D. *Quelle est la vitesse que ne devront pas dépasser les automobiles pendant la traversée des ponts autres que ceux en maçonnerie?*

R. Celle d'un homme au pas. (Art. 23)

D. *Un automobile peut-il s'engager sur une travée quand il y a déjà sur cette même travée un autre automobile?*

R. Non. (Art. 23)

D. *Dans le cas où l'autorité prendrait des mesures spéciales pour la protection des ponts, cette mesure doit-elle être placardée?*

R. Oui, à l'entrée et à la sortie de ces ouvrages. (Art. 23)

D. *Quel est le maximum de hauteur des automobiles publics, depuis le sol jusqu'à la partie la plus élevée du chargement?*

R. Il est fixé à 4 mètres. (Art. 33)

D. *Comment la hauteur est-elle réglée?*

R. Dans tous les cas, elle est réglée par une traverse en fer placée au milieu de la longueur du chargement et qui doit, ainsi que les montants, être toujours apparente. (Art. 33)

D. *La bâche qui recouvre le chargement peut-elle déborder ces montants?*

R. Non, ni la hauteur de la traverse. (Art. 33)

D. *Peut-on attacher des objets en dehors de la bâche?*

R. Non, c'est défendu. (Art. 33)

D. *Peut-on mettre un automobile en circulation sans l'autorisation du Directeur général des travaux publics?*

R. Non. (Art. 29), et il en sera donné récépissé à l'intéressé. (Art. 24)

D. *Peut-il être placé, sur l'impériale, une banquette pour les voyageurs?*

R. Oui, mais pour trois voyageurs au plus, et cette banquette, y compris le coussin, ne devra pas dépasser 40 centimètres (Art. 35).

D. *Comment sera-t-elle recouverte?*

R. Elle ne pourra être recouverte que d'une capote flexible (Art. 35).

D. *Peut-on charger des paquets sur cette banquette?*

R. Non (Art. 35).

D. *Les automobiles publics parcourant moins de vingt kilomètres peuvent-ils comporter plusieurs banquettes?*

R. Oui, et ils pourront aussi être recouverts autrement que par une capote flexible (Art. 35).

D. *Que doit porter chaque automobile à l'intérieur?*

R. Il doit porter, à l'intérieur et dans un endroit

apparent, le nom et le domicile de l'entrepreneur et l'indication du nombre de places de chaque compartiment (Art. 37).

D. *Que doit-il porter à l'intérieur des compartiments?*

R. Il doit porter : 1º le numéro de chaque place ; 2º le prix de la place pour chaque fraction du trajet et pour le trajet total (Art. 37).

D. *L'entrepreneur peut-il admettre, dans les compartiments de ses automobiles, un plus grand nombre de voyageurs que celui indiqué sur les panneaux?*

R. Non (Art. 37).

D. *Chaque entrepreneur inscrit-il sur un registre le nom des voyageurs qu'il transporte?*

R. Oui, et il y inscrit également les ballots et paquets dont le transport lui est confié (Art. 38).

D. *Que doit-il remettre à chaque voyageur?*

R. Il doit remettre à chaque voyageur un extrait, en ce qui le concerne, du numéro de sa place (Art. 38).

D. *Les conducteurs peuvent-ils prendre en route un voyageur ou recevoir un paquet sans en faire mention?*

R. Non, ils doivent en faire mention sur les feuilles de route qui leur ont été remises au point de départ (Art. 38).

D. *Les dispositions qui précèdent sont-elles applicables aux automobiles parcourant moins de 20 kilomètres?*

R. Non (Art. 38).

D. *Est-il enjoint aux conducteurs d'observer, dans les traversées des villes et villages les règlements de police concernant la circulation dans les rues ?*

R. Oui (Art. 39),

D. *Dans les haltes, le conducteur peut-il quitter son poste ?*

R. Il ne peut quitter son poste si l'agencement du véhicule est tel que les voyageurs puissent facilement mettre le moteur en action (Art. 39).

D. *Que doit faire le conducteur avant de remettre l'automobile en marche ?*

R. Il doit s'assurer que les portières sont exactement fermées (Art. 40).

D. *A chaque bureau de départ et d'arrivée y a-t-il un registre pour recevoir l'inscription des plaintes que les voyageurs auraient à formuler ?*

R. Oui, et ce registre doit être présenté à toute réquisition aux voyageurs par le chef de bureau (Art. 41).

D. *Les automobiles publics qui desservent les routes des pays voisins et qui partent des villes frontières ou y arrivent sont-ils soumis aux règles ci-dessus ?*

R. Non, mais ils doivent être solidement construits et leur fonctionnement ne doit présenter aucun danger.

3° DISPOSITIONS APPLICABLES A TOUTES LES VOITURES

D. *Quelle devra être la longueur des essieux des voitures ?*

R. Ils ne pourront avoir plus de 2^m50 de longueur, ni dépasser à leur extrémité le moyeu de plus de 0^m06. (Art. 1er)

D. *De combien la saillie des moyeux, y compris celle de l'essieu, pourra-t-elle dépasser le plan passant par le bord extérieur des bandes ?*

R. Elle ne devra pas dépasser 0^m12 cent. avec une tolérance de 0^m02 pour les roues qui ont déjà fait un certain service. (Art. 2)

D. *Peut-on employer des clous à tête de diamant ?*

R. Non. Tout clou de bande sera posé à plat et ne pourra, lorsqu'il sera neuf, former une saillie de plus de 0^m005. (Art. 2)

D. *Tout propriétaire de voitures ne servant pas au transport des personnes est-il tenu de faire placer une plaque en avant et au côté gauche de sa voiture ?*

R. Oui, et cette plaque doit porter, en langue française et arabe, en caractères apparents et lisibles ayant au moins 5 millimètres de hauteur, ses nom, prénoms et profession, le nom du lieu et du caïdat de son domicile. (Art. 3)

D. *Quelles sont les voitures qui sont exceptées de cette disposition ?*

R. 1° Les voitures particulières destinées au transport des personnes, mais étrangères à un service public de messageries ;

2º Les voitures appartenant à des administrations publiques et conduites par des agents commissionnés de ces administrations ;

3º Les voitures des services militaires ;

4º Les voitures employées à la culture des terres, au transport des récoltes, à l'exploitation des fermes, qui se rendent de la ferme aux champs ou des champs à la ferme, ou qui servent au transport des objets récoltés du lieu où ils ont été recueillis jusqu'à celui où, pour les conserver ou les manipuler, le cultivateur les dépose ou les rassemble. (Art. 3)

D. *Combien peut-il être attelé de bêtes aux voitures servant au transport des marchandises?*

R. Il ne peut être attelé plus de cinq bêtes si elles sont à deux roues, et plus de huit si elles sont à quatre roues, sans qu'il puisse y avoir plus de cinq bêtes de file. (Art. 4)

D. *Et aux voitures servant au transport des personnes?*

R. Si elles sont à deux roues, plus de trois bêtes ; si elles sont à quatre roues, plus de six. (Art. 4)

D. *Lorsqu'il y aura lieu de transporter des blocs de pierre, des locomotives ou autres objets d'un poids considérable, l'emploi d'un attelage exceptionnel pourra-t-il être autorisé?*

R. Oui, par le Directeur général des travaux publics, sur l'avis des ingénieurs. (Art. 5)

D. *Pendant la traversée des ponts autres que les ponts en maçonnerie, les bêtes seront-elles mises au pas?*

R. Oui, et les voituriers ou rouliers tiendront les guides ou le cordeau, les conducteurs ou postillons resteront sur leur siège. (Art. 6.).

D. *Défense est-elle faite aux rouliers et autres voituriers de dételer aucune de leurs bêtes pour le passage d'un pont ?*

R. Oui. (Art. 6.)

D. *Toute voiture attelée de plus de cinq bêtes peut-elle s'engager sur le tablier d'une travée quand il y a déjà sur cette même travée une voiture d'un attelage supérieur à ce nombre de bêtes ?*

R. Non. (Art. 6.)

D. *Le Directeur général des travaux publics pourra-t-il prendre telles dispositions qui seront jugées convenables pour les ponts qui n'offriraient pas toutes les garanties nécessaires ?*

R. Oui, et dans les circonstances urgentes, l'autorité locale pourra également prendre telles mesures que lui paraîtra commander la sûreté publique, sauf à en rendre compte à l'autorité supérieure. (Art. 6.)

D. *Les mesures prises pour la protection des ponts devront-elles être placardées ?*

R. Oui, et dans tous les cas, à l'entrée et à la sortie de ces ouvrages. (Art. 6.)

D. *Les rouliers ou conducteurs de voitures doivent-ils se tenir constamment à portée de leurs chevaux ou bêtes de trait et en position de les guider ?*

R. Oui, et ils doivent se ranger à leur droite à l'approche de tout autre véhicule, de manière à lui laisser libre au moins la moitié de la chaussée (1). (Art. 7.)

(1) Les voituriers ne sont pas tenus de se ranger à droite à l'approche des cavaliers (Arrêt de la Cour de Cassation du 19 avril 1873).

D. *Est-il interdit aux rouliers ou conducteurs de voitures de couper les convois funèbres, etc.?*

R. Oui, il leur est interdit de couper les convois funèbres, les groupes scolaires, les détachements de troupes et les convois militaires, de lutter de vitesse entre eux, ou avec des vélocipédistes ou des conducteurs d'automobiles. (Art. 8)

D. *Est-il interdit de laisser stationner une voiture sur la voie publique?*

R. Oui, lorsqu'il n'y a pas nécessité, qu'elle soit attelée ou non attelée. (Art. 8)

D. *La circulation ou le stationnement des voitures peut-il être interdit par des arrêtés de l'autorité compétente?*

R. Oui, temporairement ou d'une façon permanente, sur tout ou partie d'une voie publique. (Art. 9)

D. *Et en cas d'absolue nécessité?*

R. En cas d'absolue nécessité, les voitures pourront cependant stationner sur ces parties de voies où l'arrêt est interdit normalement: toutes mesures devront être prises alors pour ne pas gêner la circulation. (Art. 9)

D. *Toute voiture marchant isolément ou en tête d'un convoi pourra-t-elle circuler pendant la nuit sans être pourvue d'une lanterne allumée?*

R. Non. En temps ordinaire l'allumage aura lieu dès la chute du jour (1) (2). (Art. 10)

(1) Voir l'annotation, p. 38.

(2) La lanterne doit être fixée à l'avant de la voiture (à droite pour les voitures de messageries), et non tenue à la main. (Arrêt de la Cour de cassation, du 20 juillet 1861).

D. *Ces dispositions seront-elles appliquées aux voitures d'agriculture ?*

R. Elles ne pourront être appliquées aux voitures d'agriculture que par des arrêtés spéciaux de l'autorité locale. (Art. 10)

D. *Le clair de lune peut-il dispenser de l'éclairage ?*

R. Non. (Arrêt de la Cour de Cassation du 4 février 1860). — Toutefois, il est de règle de ne pas faire de procès-verbal de contravention d'éclairage lorsque la lune éclaire suffisamment pour permettre d'éviter tout accident.

D. *Quelle est la largeur du chargement des voitures qui ne servent pas au transport des personnes ?*

R. Elle ne peut excéder 2m50. (Art. 11.)

D. *Lorsqu'il s'agit de transporter les objets d'un grand volume qui ne pourraient être chargés dans ces conditions ?*

R. Dans ce cas, le Directeur général des travaux publics peut délivrer des permis de circulation. (Art. 11.)

D. *Quelles sont les voitures qui sont affranchies de toute réglementation de largeur du chargement ?*

R. Ce sont les voitures d'agriculture lorsqu'elles sont employées au transport des récoltes de la ferme au champ et du champ à la ferme. (Art. 11.)

D. *Quelle doit être la largeur des colliers des chevaux ou autres bêtes de trait ?*

R. Elle ne peut dépasser 0m90, mesurés entre les points les plus saillants des pattes des attelles. (Art. 12.)

4

D. *De combien de voitures peut se composer un convoi ?*

R. 1º Quatre voitures, si elles sont à quatre roues et attelées d'une seule bête ;

2º Trois voitures à deux roues, attelées d'une seule bête ;

3º De deux voitures au plus si l'une d'elles est attelée de plus d'une bête. (Art. 13.)

D. *Quelle devra être l'intervalle d'un convoi à l'autre ?*

R. Il ne pourra être moindre de 50 mètres. (Art. 13.)

D. *Combien de voitures peut conduire un seul conducteur ?*

R. Quatre au plus, si elles sont à quatre roues et attelées d'une seule bête ; trois au plus, attelées d'une seule bête, si elles sont à deux roues. (Art. 14.)

D. *Chaque voiture attelée de plus d'une bête doit-elle avoir un conducteur ?*

R. Oui ; toutefois, une voiture dont la bête est attachée derrière une voiture attelée de quatre bêtes au plus n'a pas besoin d'un conducteur particulier. (Art. 14)

D. *Les règlements de police municipale détermine-ront-ils les restrictions qui peuvent être apportées aux dispositions qui précèdent ?*

Oui, en ce qui concerne la traversée des villes, bourgs ou villages. (Art. 14)

D. *A combien est fixé le maximum de hauteur des voitures publiques ?*

R. Il est fixé à 4 mètres pour les voitures à

quatre roues et à 3 mètres pour les voitures à deux roues. (Art. 20)

D. *Comment est réglée la hauteur du chargement?*

R. Par une traverse en fer placée au milieu de la longueur affectée au chargement et qui doit, ainsi que les montants, être toujours apparente. (Art. 20)

D. *La bâche qui recouvre le chargement peut-elle déborder les montants?*

R. Elle ne peut déborder ces montants, ni la hauteur de la traverse. (Art. 20)

D. *Peut-on attacher des objets en dehors de la bâche?*

R. Non, c'est défendu. (Art. 20)

D. *Peut-il être placé une banquette sur l'impériale?*

R. Oui, destinée au conducteur et à deux voyageurs ou à trois voyageurs lorsque le conducteur se place sur le même siège que le cocher. (Art. 22)

D. *Quelle devra être la hauteur de cette banquette et comment sera-t-elle couverte?*

R. Elle ne dépassera pas 0m40 de hauteur et ne pourra être recouverte que d'une capote flexible. (Art. 22)

D. *Peut-on charger des paquets sur cette banquette?*

R. Non, aucun. (Art. 22)

D. *Les voitures parcourant moins de 20 kilomètres peuvent-elles comporter plusieurs banquettes?*

R. Oui, et elles peuvent aussi être recouvertes autrement que par une capote flexible. (Art. 22)

D. *Pendant la nuit, les voitures publiques seront-elles éclairées ?*

R. Oui, par une lanterne à réflecteur placée à droite et à l'avant de la voiture. (Art. 25)

D. *Chaque voiture doit-elle porter à l'intérieur et dans un endroit apparent le nom et le domicile de l'entrepreneur ?*

R. Oui, ainsi que l'indication du nombre de places de chaque compartiment. (Art. 26)

D. *Que doit-elle porter à l'intérieur des compartiments ?*

R. Elle doit porter :
1° Le numéro de chaque place ;
2° Le prix de la place pour chaque fraction du trajet et pour le trajet total. (Art. 26)

D. *Peut-on admettre dans les compartiments un plus grand nombre de voyageurs que celui indiqué sur les panneaux ?*

R. Non, c'est défendu. (Art. 26)

D. *Toute voiture publique dont l'attelage ne présentera de front que deux rangs de chevaux pourra-t-elle être conduite par un seul cocher ou un seul postillon ?*

R. Oui, mais elle devra être conduite par deux postillons ou par un cocher et un postillon lorsque l'attelage comportera plus de deux rangs de chevaux. (Art. 28)

D. *Les postillons ou cochers pourront-ils descendre de leurs chevaux ou de leurs sièges ?*

R. Non, sous aucun prétexte. (Art. 29)

D. *Que doivent-ils observer dans la traversée des villes et villages ?*

R. Ils doivent observer les règlements de police concernant la circulation dans les rues. (Art. 29)

D. *Dans les haltes, le conducteur et le postillon peuvent-ils quitter en même temps la voiture ?*

R. Non, tant qu'elle reste attelée, et avant de remonter sur son siège, le conducteur doit s'assurer que les portières sont exactement fermées. (Art. 29)

D. *Que devra faire le conducteur d'une voiture publique lorsqu'un roulier ou conducteur de véhicule quelconque n'aura pas cédé la moitié de la chaussée ?*

R. Il devra en faire la déclaration à l'officier de police du lieu le plus rapproché en faisant connaître le nom du propriétaire du véhicule, d'après la plaque dont il est muni. (Art. 30)

D. *A qui seront adressés les procès-verbaux ?*

R. Ils seront sur-le-champ transmis à l'autorité compétente (1) qui fera poursuivre les délinquants. (Art. 30)

D. *A chaque bureau de départ et d'arrivée, y a-t-il un registre destiné à recevoir les plaintes des voyageurs ?*

R. Oui, et ce registre doit être présenté aux

(1) Juges de paix pour les justiciables des tribunaux français, et Tribunal régional, par l'intermédiaire du contrôleur civil, pour les indigènes tunisiens. (Les caïds peuvent infliger jusqu'à 15 jours de prison). Voir les « Notes de Législation tunisienne », par M. D. Dianous, contrôleur civil.

voyageurs à toute réquisition par le chef de bureau. (Art. 31)

D. *Les voitures publiques qui desservent les routes des pays voisins et qui partent des villes frontières ou qui y arrivent sont-elles soumises aux règles ci-dessus ?*

R. Non, mais elles doivent toutefois être solidement construites. (Art. 32)

POLICE RURALE

D. *Quel est le décret qui régit la police rurale en Tunisie?*

R. C'est le décret du 15 décembre 1896.

D. *Quelles sont les attributions des gardes champêtres?*

R. Ils sont chargés de rechercher et de constater les délits et contraventions de police rurale, et plus spécialement d'assurer la protection des propriétés européennes. (Art. 37)

D. *Lorsqu'il s'agit de crimes, délits ou contraventions non relatifs à la police rurale, que doit faire le garde champêtre?*

R. Il doit se borner à en faire rapport à la gendarmerie, soit verbalement, soit par écrit. (Art. 39)

D. *Les gardes champêtres peuvent-ils arrêter des individus et les conduire devant la gendarmerie?*

R. Oui, quand ils les auront surpris en flagrant délit, et lorsque ce délit comportera la peine de l'emprisonnement. (Art. 41)

D. *Les gardes champêtres sont-ils tenus de donner main-forte à la gendarmerie?*

R. Oui, toutes les fois qu'ils en sont requis, et de lui prêter leur concours pour tout ce qui concerne son service. (Art. 45)

D. *Indépendament des contraventions et des*

*délits spéciaux qu'ils sont chargés de constater,
doivent-ils signaler à la gendarmerie les crimes et
délits?*

R. Ils doivent les lui signaler et l'informer de
tout ce qu'ils découvrent de contraire au maintien
de l'ordre et de la sécurité publique. (Art. 46)

D. *Les commandants de brigades doivent-ils surveiller les gardes champêtres ?*

R. Oui, car ils sont placés sous leur surveillance.
(Art. 39 du décret du 15 décembre 1896, et 641 du
décret du 1ᶜʳ mars 1854)

Commandants de brigades de gendarmerie en Tunisie, officiers de police judiciaire.

D. *Les sous-officiers ou commandants de brigade de gendarmerie en Tunisie sont-ils officiers de police judiciaire?*

R. Ils sont officiers de police judiciaire, auxiliaires du Procureur de la République, en vertu du décret du 15 février 1898.

D. *Les commandants de poste sont-ils aussi officiers de police judiciaire?*

R. Non, puisqu'ils sont détachés d'une brigade et placés sous la direction du commandant de cette brigade. (Avis de M. le Procureur de la République de Tunis.)

DÉBITS DE BOISSONS

D. *Quel est le décret qui régit la police des débits de boisson en Tunisie ?*

R. Le décret du 13 janvier 1898.

D. *Peut-on ouvrir un café sans autorisation ?*

R. Non, nul ne peut ouvrir un café, cabaret ou autre débit de boissons à consommer sur place, sans en avoir obtenu l'autorisation de l'administration générale. (Art. 1er)

D. *L'autorisation est-elle personnelle ?*

R. Oui, elle est personnelle au demandeur. Aucune mutation, dans la personne du propriétaire ou du gérant d'un débit, ne pourra avoir lieu sans une nouvelle demande d'autorisation. (Art. 3)

D. *Le débitant interdit pourra-t-il être employé dans l'établissement qu'il exploitait ?*

R. Non, à quelque titre que ce soit, même comme attaché au service de celui auquel il aurait cédé, ou par qui il faisait gérer ledit établissement ou dans l'établissement qui serait exploité par son conjoint, même séparé ou divorcé. (Art. 5)

D. *Les individus qui, à l'occasion d'une fête publique, veulent établir des cafés ou débits de boissons sont-ils tenus de demander l'autorisation prescrite ?*

R. Non, pourvu que la durée n'excède pas huit jours, mais ils devront cependant obtenir l'autorisation de l'autorité, sans déposer leur casier judiciaire. (Art. 8)

D. *Est-il permis aux débitants d'employer des femmes ou des filles dans leurs établissements?*

R. Non, à moins d'une autorisation. (Art. 9)

D. *L'autorisation mentionne-t-elle les personnes admises à servir dans l'établissement?*

R. Oui, elle les mentionne nominativement. Les parentes ou alliées en ligne directe sont autorisées de droit. (Art. 9)

D. *Toute mutation dans le personnel doit-elle faire l'objet d'une nouvelle demande d'autorisation?*

R. Oui. (Art. 9)

D. *Un débitant peut-il recevoir dans son établissement des femmes ou filles notoirement connues pour se livrer à la prostitution?*

R. Il lui est interdit de les recevoir, sous quelque prétexte que ce soit. (Art. 10)

SÉJOUR DES ETRANGERS DANS LA RÉGENCE

D. *Quel est le décret réglementant le séjour des étrangers en Tunisie?*

R. C'est le décret du 13 avril 1898.

D. *A quelles formalités sont tenus les étrangers à leur arrivée en Tunisie?*

R. Tout étranger qui voudra établir sa résidence en Tunisie, ou y exercer une profession, un commerce ou une industrie quelconque, devra, dans un délai de cinq jours, à partir de son arrivée, faire devant l'autorité de police locale une déclaration de résidence en justifiant de son identité. (Art. 1er)

D. *S'il n'est pas porteur des pièces justificatives, pourra-t-il lui être accordé un délai?*

R. L'autorité de police pourra lui accorder un délai d'un mois pour se les procurer, avec l'approbation du premier ministre. (Art. 1er)

D. *La déclaration sera-t-elle individuelle?*

R. Oui, même pour les membres d'une même famille, à l'exception des enfants mineurs n'exerçant ni profession, ni commerce, ni industrie. (Art. 2)

D. *A quelles autorités seront faites la déclaration?*

R. A Tunis, au commissariat de la sûreté. Dans les autres localités, elles seront faites au commissaire de police ; à défaut du commissaire de police, au commandant de la brigade de gendarmerie ou au contrôleur civil de la circonscription (Art. 3)

5

D. *En cas de changement de résidence, l'intéressé devra-t-il faire viser son certificat d'immatriculation ?*

R. Il devra le faire viser dans les deux jours de son arrivée par l'autorité de police de sa nouvelle résidence et déposer à nouveau ses papiers. (Art. 4)

D. *Est-il permis d'employer un étranger n'ayant pas satisfait aux prescriptions ci-dessus ?*

R. Non, et procès-verbal doit être dressé contre ceux qui les emploieraient. (Art. 5)

D. *Un étranger qui a conservé son domicile à l'étranger est-il tenu de faire sa déclaration ?*

R. Oui, il suffit qu'il ait l'intention d'établir sa résidence en Tunisie, ou d'y exercer une profession, un commerce ou une industrie. (Circulaire du 24 avril 1898)

D. *Les ouvriers, les pêcheurs, les artistes qui viennent chaque année en Tunisie pendant un certain temps puis retournent dans leur pays, sont-ils tenus de faire leur déclaration ?*

R. Oui, chaque fois qu'ils rentrent en Tunisie ; mais les touristes et les hiverneurs n'y sont pas astreints. (Circulaire du 24 avril 1898)

D. *Les déclarations donnent-elles lieu à l'établissement d'une fiche justificative ?*

R. Oui, pour chacun des déclarants. (Circulaire du 24 avril 1898)

D. *Quelles sont les pièces que l'étranger doit fournir à l'appui de sa déclaration ?*

R. Pour un célibataire : soit un extrait de naissance ou un extrait de son casier judiciaire, soit un

livret ou un congé militaire. Pour un marié :
l'extrait de mariage peut suffire pour le mari et la
femme, mais il faut un acte de naissance pour
chacun de ses enfants mineurs, soumis à la déclaration. (Circulaire du 24 avril 1898)

D. *Doit-on accepter les actes de catholicité, de
baptême ou de mariage religieux?*

R. Oui, mais il y a lieu de refuser les passeports,
livrets ouvriers et certificats de toute nature qui
pourraient être présentés à l'appui de la déclaration. (Circulaire du 24 avril 1898)

D. *Comment sont visés les changements de résidence?*

R. Dans les cases établies à cet effet au verso
des extraits d'immatriculation. (Circulaire du
24 avril 1898)

D. *Lors des changements de résidence, quelles
sont les pièces à établir?*

R. A l'arrivée, une fiche justificative du visa,
portant en tête la mention « Duplicata ». Au départ,
un avis de départ en double expédition : une est
adressée à M. le capitaine commandant, l'autre à
l'autorité du lieu où l'étranger a déclaré vouloir se
rendre. (Circulaire du 24 avril 1898)

D. *Par qui est perçu le droit de timbre de chaque
extrait d'immatriculation?*

R. Par le chef de brigade ou poste qui fait par-
venir, le 25 de chaque mois, à M. le capitaine-commandant un compte-rendu indiquant la somme
perçue. Une retenue égale à cette somme est faite
sur la solde correspondante. (Note de service
n° 1312)

D. *Lorsque les papiers laissés en dépôt sont remis à l'intéressé, doit-on s'en faire délivrer un récépissé?*

R. Oui, sur une feuille de papier timbré à 0 fr. 30. Ce récépissé est conservé aux lieu et place des papiers qui ont été remis. (Note de service n° 1362)

D. *Doit-on exiger que les femmes et les filles des personnes honorablement connues viennent elles-mêmes faire leur déclaration?*

R. Non, le mari ou le père pourront faire leur déclaration. Il n'est fait exception à cette règle que pour les femmes ou filles qu'il importe de surveiller en raison de leurs antécédents ou de leur conduite. (Note de service n° 1362)

D. *Lorsqu'un étranger quitte la Tunisie sans conserver sa résidence, doit-on lui retirer l'extrait d'immatriculation?*

R. Oui, et ce document est transmis avec l'avis de départ de l'intéressé. (Note circulaire du 8 octobre 1898)

D. *Doit-on signaler les décès d'étrangers qui seraient connus?*

R. Oui, en joignant à l'avis un bulletin de décès délivré par la municipalité. (Note circulaire du 8 octobre 1898)

D. *Le décret du 13 avril 1898 est-il applicable aux musulmans non Tunisiens?*

R. Non, cependant les Syriens et Arméniens, bien que sujets turcs, doivent être soumis aux dispositions du décret sus visé. (Note circulaire du 30 octobre 1898)

D. *Quand y a-t-il changement de résidence?*

R. Lorsque l'étranger quitte la localité où il habite sans esprit de retour ou sans y conserver une habitation pour aller se fixer ou s'établir ailleurs. (Note circulaire du 24 juillet 1898)

D. *En est-il de même pour l'étranger qui, conservant son habitation dans la localité, se rend dans un autre lieu?*

R. Non, même pour celui qui se rend à l'étranger pour y séjourner quelque temps, pourvu qu'il conserve une habitation en Tunisie. (Note circulaire du 24 juillet 1898)

D. *Doit-on accepter les certificats de Consulat concernant les Israélistes étrangers ou protégés des puissances?*

R. Oui, mais cette exception ne vise que ceux qui sont nés en Tunisie. (Note circulaire du 24 juillet 1898)

POLICE DES GARES DE CHEMINS DE FER

D. *Quel est l'arrêté qui régit la police des gares de chemins de fer et leurs abords?*

R. L'arrêté du 29 avril 1898.

D. *Par qui sera désigné le lieu de stationnement des voitures de messageries, omnibus, fiacres, voitures particulières, voitures à volonté?*

R. Par le chef de gare, de concert avec le commissaire de surveillance administrative ; à défaut de concert, il sera statué par le Directeur général des travaux publics. (Art. 1er)

D. *La mendicité est-elle interdite dans les cours des gares, stations, et dans toutes les dépendances des chemins de fer?*

R. Oui, ainsi que toute sollicitation importune pour l'indication d'hôtels, transports de bagages, offres de service, toute vente ou distribution d'objets quelconques, non autorisés. (Art. 2)

D. *Quelles mesures seront prises contre ceux qui troubleront l'ordre par des cris, des injures, des attroupements gênant la circulation?*

R. Ils seront poursuivis conformément aux lois. (Art. 2)

D. *Quelles sont les personnes qui peuvent prendre les bagages pour les porter des voitures à l'intérieur de la station et de l'intérieur de la station aux voitures?*

R. A l'exception des voyageurs et des personnes qui les servent ou les accompagnent, se sont les préposés de la Compagnie et les agents agréés par elle. Aucune rétribution ne devra être exigée pour ce service. (Art. 3)

D. *Les voitures qui entrent dans les cours des gares et stations peuvent-elles y circuler et stationner ?*

R. Elles ne peuvent y circuler qu'avec prudence et n'y stationner que sur les emplacements indiqués ; quand plusieurs voitures arrivent ou partent en même temps, elles doivent prendre la file, sans essayer de se dépasser. (Art. 4)

D. *Les charretiers, cochers ou postillons de voitures publiques ou particulières peuvent-ils quitter leurs chevaux ou les débrider ?*

R. Ils ne peuvent les quitter, à moins qu'ils ne soient solidement attachés ou tenus à la main, ou à moins que les roues de leurs voitures ne soient maintenues au moyen d'une chaîne ou d'une forte corde les reliant à la caisse. Ils ne peuvent les débrider ; mais pour leur donner à boire ou à manger, ils peuvent leur enlever le mors de la bouche et ils doivent alors se tenir à leur tête. (Art. 4)

D. *Est-il interdit d'introduire dans les gares des animaux vicieux?*

R. Oui, ainsi que ceux qui sont dangereux ou malades. (Art. 7)

D. *Après le coucher du soleil, toutes les voitures qui entreront dans les gares ou stations devront-elles être éclairées?*

R. Oui. (Art. 8)

ALLUMETTES CHIMIQUES

D. *Quel est le décret qui règlementent la fabrica-tion, l'importation et la vente des allumettes chi-miques en Tunisie ?*

R. Le décret du 12 juillet 1898.

D. *A qui sont réservées la fabrication, l'impor-tation et la vente des allumettes chimiques ?*

R. Aux monopoles, dans toute l'étendue de la Régence. (Art. 1er)

D. *Quels sont les objets considérés comme allu-mettes chimiques ?*

R. Ce sont tous les objets quelconques amorcés ou préparés de manière à pouvoir s'enflammer ou produire du feu par le frottement ou par tout moyen autre que le contact direct avec une matière en combustion. (Art. 1er)

D. *Comment les allumettes chimiques peuvent-elles circuler ou être mises en vente ?*

R. Elles ne pourront circuler ou être mises en vente qu'en boîtes fermées et revêtues de la vi-gnette de la régie. (Art. 3)

D. *La vente des allumettes est-elle libre ?*

R. Non, elle ne peut se faire qu'en vertu d'une autorisation (Art. 4), elle est obligatoire pour les débitants de tabac. (Art. 4)

D. *Quelle est la quantité tolérée comme néces-saire à la consommation courante ?*

R. Elle est fixée à 2 kilogrammes pour les débits de boissons, cafés, auberges, hôtels et autres éta-blissements qui fournissent gratuitement des allu-mettes chimiques à leurs clients, pourvu toutefois que ces allumettes soient tenues ostensiblement à la disposition des consommateurs ; à 200 grammes dans tous les autres cas. Au-delà de ces quantités, les allumettes en vrac seront saisies comme allu-mettes de contrebande. (Art. 5)

D. *Les ustensiles, instruments ou mécaniques affectés à la fabrication des allumettes chimiques, ainsi que les matières préparées en vue de cette fabrication seront-ils saisis en cas de découverte ?*

R. Ils seront saisis et confisqués, ainsi que les allumettes, et le matériel de vente ou de transport. (Art. 6) (Voir le décret sur les douanes et mono-poles, p. 13.)

CARTES A JOUER

D. *Quel est le décret qui réglemente la fabrication, l'importation et la vente des cartes à jouer?*

R. Le décret du 12 juillet 1898.

D. *A qui sont réservées la fabrication, l'importation et la vente des cartes à jouer?*

R. Aux monopoles, dans toute l'étendue de la Régence (Art. 1er).

D. *Comment les cartes à jouer devront-elles circuler?*

R. Elles ne pourront circuler ou être mises en vente qu'en paquets fermés et revêtus de la vignette de la régie. (Art. 2)

D. *La vente des cartes à jouer peut-elle se faire librement?*

R. Elle ne peut se faire qu'en vertu d'une autorisation de l'administration ; elle est obligatoire pour les débitants de tabac. (Art. 4)

D. *Quelle est la quantité de jeux tolérée comme nécessaire à la consommation courante?*

R. Elle est fixée ainsi qu'il suit : 1º à six douzaines de jeux pour les débits de boissons, cafés, auberges, hôtels et autres établissements où le public est admis et qui mettent des jeux de cartes à la disposition de celui-ci ; 2º à une douzaine de jeux dans tous les autres cas. Au delà de ces quantités, les cartes à jouer en vrac seront considérées comme détenues en contrebande. (Art. 5)

D. *En cas de découverte, les ustensiles, instruments ou mécaniques affectés à la fabrication des cartes à jouer, ainsi que les matières préparées en vue de cette fabrication seront-ils saisis?*

R. Ils seront saisis et confisqués, ainsi que les cartes à jouer et le matériel de vente ou de transport (Art. 6). Voir le décret sur les douanes et monopoles, page 13.

TABLE DES MATIÈRES

www.ingramcontent.com/pod-product-compliance
Lightning Source LLC
Chambersburg PA
CBHW032247210326
41521CB00031B/1651